AF315401

TABLEAUX

ANCIENS

DES

ÉCOLES FRANÇAISE ET FLAMANDE

PROVENANT EN PARTIE DE LA COLLECTION

DE

M. LE BARON PAPELEU DE POELWOORDE

(DE GAND)

—◆—

Mᶜ CHARLES OUDART, COMMISSAIRE-PRISEUR

M. ÉMILE BARRE, EXPERT

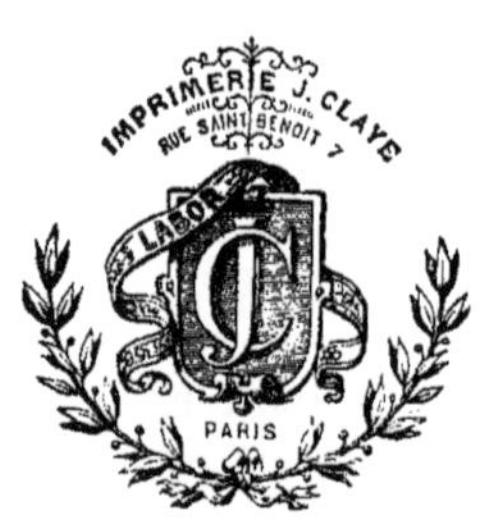

CATALOGUE

D'UNE

TRÈS-INTÉRESSANTE RÉUNION

DE

TABLEAUX
ANCIENS

DES ÉCOLES

FRANÇAISE ET FLAMANDE

PROVENANT EN PARTIE DE LA COLLECTION

DE

M. LE BARON PAPELEU DE POELWOORDE

(DE GAND)

DONT LA VENTE AURA LIEU

HOTEL DROUOT, SALLE N° 3

Le Lundi 22 Février 1875

A DEUX HEURES ET DEMIE

PAR LE MINISTÈRE DE **M° Charles OUDART**, COMMISSAIRE-PRISEUR

31, rue Le Peletier

ASSISTÉ DE **M. Émile BARRE**, EXPERT

20, rue de la Chaussée-d'Antin

EXPOSITIONS

PARTICULIÈRE	PUBLIQUE
Le Samedi 20 Février 1875	Le Dimanche 21 Février 1875
DE 1 HEURE 1/2 A 5 HEURES 1/2	DE 1 HEURE 1/2 A 5 HEURES

CONDITIONS DE LA VENTE.

Elle sera faite au comptant.

Les acquéreurs payeront *cinq centimes par franc,* en sus des enchères, applicables aux frais.

L'Exposition mettant les Adjudicataires à même de se rendre compte de l'état et de la nature des objets, il ne sera admis aucune réclamation une fois l'adjudication prononcée.

DÉSIGNATION

ANGELICA-KAUFMANN

1. — Nymphe écoutant les conseils de l'Amour.

BÉNARD

2. — La Petite joueuse de vielle.

BERGHEM (Nicolas)

3. — La Halte.

BRÉEMBERG (BARTHOLOMÉO)

4. — Paysage avec ruines et figures.

BOTH D'ITALIE

5. — Site italien avec effet de soleil couchant.

> Sur une route à travers les montagnes, on aperçoit des muletiers conduisant des troupeaux de vaches et de moutons.

BOUCHER (FRANÇOIS)

6. — Amours couronnant Vénus de fleurs.

CANALETTI

7. — Vue du Pont du Rialto à Venise.

DANLOUX

8. — Portrait de l'artiste en costume de chasse.

DE CORT *(signé)*

9. — Paysage avec monuments en ruine.

Au premier plan on voit un chasseur et un artiste dessinant un vieux château. Dans le fond, un cours d'eau avec pont en briques.

DIÉTRICY

10. — Paysage montagneux avec figures.

DIÉTRICY

11. — Pendant du précédent.

DYCK (Van)

12. — Portrait de jeune seigneur les épaules recouvertes d'un manteau qu'il retient dans sa main.

DEMARNE (*signé*)

13. — Paysage avec cours d'eau ; effet d'orage.

Au premier plan on voit un pêcheur assis sur un tronc d'arbre. Plus loin, des cavaliers et amazones.

FRAGONARD.

14. — Les Apprêts du déjeuner en famille, esquisse.

FRANCK (LE VIEUX)

15. — Seigneurs et magistrats en costume du XVIe siècle assistant d'une fenêtre d'un palais à une exécution.

GOYEN (VAN)

16. — Entrée de bois avec habitations rustiques au bord d'un canal sur lequel on voit des barques de pêcheurs.

GUARDI (François)

17. — Vue de l'église des Arméniens à Venise.

GUARDI (François)

18. — Vue du collége.

Pendant du précédent.

GUARDI (François)

19. — Vue du grand canal à Venise.

Charmant dessin rehaussé de gouache.

LE GUIDE

20. — La sainte Famille.

Un ange soutient un saint en adoration devant la Vierge et l'enfant Jésus.

HUET

600 700

21. — Sujet pastoral.

HUET

600 700

22. — Pendant du précédent.

HUBERT ROBERT

700 800

23. — Charmant intérieur de parc avec cascade et figures.

HUBERT ROBERT

400

24. — Vue de l'ancienne place del Popolo à Rome.

HEEM (*signé* DAVID DE)

700 800

25. — Vasque en Japon contenant des fruits; verres de Venise
et accessoires posés sur une table couverte d'un
tapis.

JEAURAT

26. — Le Déjeuner sous la tonnelle.

JEAURAT

27. — La Partie de musique.

KLOMP (A.)

28. — Vache au pâturage.

LÉPICIÉ

29. — Jeune Femme assise, occupée à lire.

LAGRENÉE *(signé)*

30. — La jeune Mère.

LEBRUN (Mme)

31. — Portrait de jeune femme la tête ornée d'une couronne
de roses.

LAJOUE

32. — Riche colonnade de palais donnant sur un parc, avec
figures et jets d'eau.

LOUTHERBOURG

33. — Le Rendez-vous de chasse.

LOUTHERBOURG

34. — Les Plaisirs champêtres.

Pendant du précédent.

LÉPICIÉ

35. — Les Amusements de l'écolier.

LÉPICIÉ

36. — Le Plaisir interrompu.

LARGILLIÈRE

37. — Portrait de dame en riche costume, les épaules cou-
vertes d'un manteau bleu.

LARGILLIÈRE *(signé* NICOLAS DE)

38. — Fruits et gibiers posés sur une table.

LEDUC (JEAN)

39. — Intérieur de corps de garde flamand.

LEMOINE

40. — Vénus corrigeant l'Amour.

LEDOUX (Mlle)

41. — Portrait de jeune femme en buste.

LINGELBACH *(signé)*

42. — Monuments en ruine de Rome, avec vue du Vatican dans le lointain.

> Au premier plan, des marchandes de fruits et de légumes et des chanteurs ambulants.

> Composition capitale de ce maître.

MOLNAER

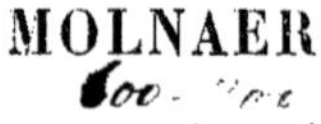

43. — Paysage de la Hollande avec effet de neige.

> Au premier plan, des patineurs et des traîneaux près d'une tente dressée sur la glace. Dans le fond, un village avec moulin et église.

MANS *(signé)*

44. — Fête de village au bord d'un canal.

MANS

45. — Pendant du précédent.

OUDRY

46. — Perdrix et alouettes.

NEEFS (Peter)

47. — Intérieur de chapelle animé par un grand nombre de personnages.

NEEFS (Peter)

48. — Intérieur de cathédrale avec figures.

PANINI

49. — Le Retour de l'Enfant prodigue.

A gauche, entrée d'un palais d'une riche architecture animé d'un grand nombre de figures.

Composition capitale.

POL *(signé* VAN*)*

50. — Bouquet de fleurs dans un vase en albâtre, grappe de raisin et nid posés sur une console de pierre.

Superbe tableau de ce maître.

PORBUS

51. — Portrait de seigneur en costume de l'époque de Henri III.

PILLEMENT *(signé et daté)*

52. — Paysage avec figures. Effet de neige.

PILLEMENT

53. — Pendant du précédent. Effet de soleil couchant.

POELEMBURG

54. — Paysage avec ruines et figures.

POELEMBURG

55. — Paysage.

Pendant du précédent.

RAOUX

56. — Jeune dame à sa toilette, recevant les hommages d'un
jeune seigneur en pèlerin.

RUBENS

57. — Le Jugement de Pâris.

Ce beau tableau provient de la vente du cardinal Fesch.

ROTTENHAMER

58. — Bethsabée au bain.

RUYSDAEL (*signé J.*)

59. — Paysage de la Hollande avec canal et animaux; effet de lune.

RUYSDAEL (J.)

60. — Le Chariot.

SNEYDERS (F.)

61. — Fruits et gibiers posés sur une table.

Tableau d'une très-belle composition.

SCHALL

62. — Jeune femme assise dans un parc, tenant un cahier de musique sur ses genoux.

SCHALL

63. — Portrait de jeune fille la tête couverte d'un chapeau de paille.

TILBORG *(signé)*

64. — Intérieur de taverne flamande.

Des soldats et des paysans sont occupés à fumer et à jouer tandis que des hommes et des femmes les regardent.

Composition des plus importantes.

TENIERS *(signé* David*)*

65. — La Tentation de saint Antoine.

Au milieu d'une grotte on aperçoit le saint en prière et une
dame arrivant près de lui; tout autour, des animaux fantas-
tiques.

TENIERS (David)

66. — Paysan tenant son cheval par la bride.

TOURNIÈRES

67. — Portrait de M. de Vences, célèbre amateur de tableaux
et objets d'art.

Il est représenté assis dans son cabinet.

Tableau des plus précieux du maître.

VANLOO (Amédée)

68. — La Peinture.

VANLOO (Amédée)

69. — La Sculpture.

Pendant du précédent.

VERTANGEN

70. — Amours célébrant la fête de Bacchus.

DELEN (Van)

71. — Vue de la galerie d'un riche palais animé de personnages.

VERNET (Joseph)

72. — Vue des environs de Rome avec monuments.

Au premier plan une cascade avec pêcheurs.

VANLOO (Carle)

73. — Jeune dame debout en vestale, tenant une guirlande de
fleurs.

NEER (Van der)

74. — Paysage de la Hollande avec moulins; effet de neige.

WERF (Van der)

75. — Venus au repos.

GORP (Van)

76. — La Promenade du matin.

WATTEAU (Antoine)

77. — Le Joueur de guitare.

Ce tableau a été gravé.

WITTE (Emmanuel de)

78. — Intérieur d'église avec personnages.

PARIS. — J. CLAYE, IMPRIMEUR 7, RUE SAINT-BENOIT. — [344'